AF613757

LISTE
DES POSTES PRINCIPALES,
DRESSÉE EN FAVEUR
DES VOYAGEURS,
QUI PARTENT
DE STRASBOURG
POUR
L'ALLEMAGNE, LA HOLLANDE
ET LA SUISSE.

AVEC

Un Tarif sur la Reduction de l'Argent d'Allemagne en Argent de France.

A STRASBOURG

chez AMAND KÖNIG Libraire.

1775.

Avec Permission des Superieurs.

Prix 12 Sols.

NOTA.

Les Poſtes marquées d'un ⚜ ſont des Poſtes de France de deux lieuës. Celles qui ne ſont pas marquées, ſont d'Allemagne de quatre lieuës.

La Poſte de France ſe paye à raiſon de 25. ſols, & la Poſte d'Allemagne d'un florin, par Cheval.

ROUTE
de Strasbourg à Mannheim
par Haguenau, Wissembourg & Landau

12. ½. Postes.

De *Strasbourg* à Brumpt ⚜ . . . Deux Postes.
de Brumpt à Haguenau ⚜ . . . Poste & demie.
de Haguenau à Surbourg ⚜ . . . . Poste & demie.
de Sourbourg à Wissembourg ⚜ . . . Deux Postes.
de Wissembourg à Niederotterbach ⚜ Poste.
de Niederotterbach à Landau ⚜ . . . Deux Postes.
de Landau à Neustatt . . . . . . Poste.
de Neustatt à MANNHEIM . . . . Poste & demie.

AUTRE

AUTRE ROUTE
de Strasbourg à Mannheim
par Lauterbourg & Spire

12 ½. Postes.

De Strasbourg à Gambsheim ⚜ . . ,	Deux Postes.
de Gambsheim à Drusenheim ⚜ . .	Poste.
de Drusenheim à Beinheim ⚜ . . .	Deux Postes.
de Beinheim à Lauterbourg ⚜ . . .	Deux Postes.
de Lauterbourg à Rheinzabern ⚜ . .	Deux Postes.
de Rheinzabern à Germersheim ⚜ .	Poste & demie.
de Germersheim à Spire	Poste.
de Spire à MANNHEIM	Poste.

ROUTE
de Strasbourg à Francfort
par Spire & Gerau.

18 ¼. Postes.

On fait la Route précédente jusqu'à Spire.

De Strasbourg à Spire . . .	12 ½. Postes.
de Spire à Ogersheim . . .	Poste & un quart.
d'Oggersheim à Worms . . .	Trois quarts de Poste
de Worms à Oppenheim . . .	Poste & un qnart.
d'Oppenheim à Gerau . . .	Poste.
de Gerau à FRANCFORT . . .	Poste & demie.

ROUTE
de Strasbourg à Francfort
par Mannheim & Mayence
17. $\frac{3}{4}$. Postes.

On suit la Route de Strasbourg à Mannheim page 4.

De Strasbourg à Mannheim . . .	12 $\frac{1}{2}$ Postes.
de Mannheim à Worms	Poste.
de Worms à Oppenheim. . . .	Poste & un quart.
d'Oppenheim à Mayence	Poste.
de Mayence à Haddersheim . . .	Poste.
de Haddersheim à FRANCFORT . .	Poste.

ROUTE
de Strasbourg à Francfort
par Mannheim & Darmstatt
17. $\frac{1}{4}$. Postes.

On suit la Route de Strasbourg à Mannheim page 4.

De Strasbourg à Mannheim . .	12. $\frac{1}{2}$. Postes.
de Mannheim à *Heppenheim* . .	Poste & demie.
de Heppenheim à Darmstatt . .	Poste & trois quarts.
de Darmstatt à FRANCFORT .	Poste & demie.

ROUTE

de Strasbourg à Francfort

par Raſtadt & Heidelberg

13. ¾. Poſtes.

De Strasbourg à Kehl ⚜ . . . . Poſte.
de Kehl à Biſchofsheim . . . . Poſte.
de Biſchofsheim à Stollhoffen . . Poſte.
de Stollhoffen à Raſtadt . . . Poſte.
de Raſtadt à Ettlingen . . . . Poſte.
d'Ettlingen à Durlach . . . . Demi-Poſte.
de Durlach à Bruchſal . . . Poſte.
de Bruchſal à Wiſsloch . . . Poſte & un quart.
de Wiſsloch à Heidelberg . . . Poſte.
de Heidelberg à Weinheim . . Poſte.
de Weinheim à Heppenheim . . Trois quarts dePoſte
de Heppenheim à Darmſtadt . . Poſte & trois quarts.
de Darmſtadt à FRANCFORT . Poſte & demie.

ROUTE

de Strasbourg aux Deuxponts

11. Poſtes.

De Strasbourg à Brumpt . . . . Deux Poſtes.
de Brumpt à Niederbronn . . . . Trois Poſtes.
de Niederbronn à Bitſch . . . . Trois Poſtes.
de Bitſch à Eſchweiler . . . . . Poſte & demie.
d'Eſchweiler aux DEUXPONTS . . . Poſte & demie.

ROUTE

de Strasbourg à Plombieres

22. Poſtes.

De Strasbourg à Fegersheim . . . Poſte & demie.
de Fegersheim à Benfelden . . . . Poſte & demie.
de Benfelden à Seleſtadt . . . . Poſte & demie.
de Seleſtadt à Oſtheim . . . . . Poſte & demie.
d'Oſtheim à Colmar . . . . . . Poſte.
de Colmar à Iſenheim . . . . . . 2 ½ Poſtes.
d'Iſenheim à Aſpach . . . . . . Deux Poſtes.
d'Aſpach à la Chapelle . . . . Poſte & demie.
de la Chapelle à Befort . . . . . Poſte & demie.
de Befort à Frayet . . . . . . Poſte.
de Frayet à Ronchamps . . . . . Poſte & demie,

de Ronchamps à Lure ⚜ . . . . . . Poſte.
de Leure à Saint Sauveur ⚜ . . . . . Poſte & demie.
de Saint Sauveur à Fougerolle ⚜ . . . Poſte.
de Fougerolle à PLOMBIERES ⚜ . . . Poſte & demie.

ROUTE

de Strasbourg à Trèves

par Metz & Thionville

25. ½. Poſtes.

De Strasbourg à Stützheim ⚜ . . . . Poſte & demie.
de Stützheim à Wildheim ⚜ . . . . Poſte.
de Wildheim à Saverne ⚜ . . . . Poſte & demie.
de Saverne à Phalsbourg ⚜ . . . . . Poſte & demie.
de Phalsbourg à Hommartin ⚜ . . . Poſte.
de Hommartin à Sarbourg ⚜ . . . . Poſte.
de Sarbourg à Hemming ⚜ . . . . Poſte.
de Hemming à Azondange ⚜ . . . . Poſte & demie.
d'Azondange à la Bourdonnaye ⚜ . . . Poſte.
de la Bourdonnaye à Vic ⚜ . . . . . Deux Poſtes.
de Vic à Delme ⚜ . . . . Deux Poſtes.
de Delme à Solgne ⚜ . . . . Poſte & demie.
de Solgne à la Horgne ⚜ . . . . Poſte.
de la Horgne à METZ ⚜ . . . . . Poſte & demie.
de Metz à Agondange ⚜ . . . . . Poſte & demie.

d'Agondange à Thionville ⚜ . . . Poste.
de Thionville à Perle ⚜ . . . . . . Deux Postes.
de Perle à Sarbourg . . . . . . Poste.
de Sarbourg à TREVES . . . . . . Poste.

ROUTE

de Strasbourg à Louxembourg.

27. ½. Postes ⚜

On suit la Route précédente jusqu'à Thionville.

De Strasbourg à Thionville ⚜ . . . 23. ½. Postes.
de Thionville à Roussy ⚜ . . . . . Postes & demie
de Roussy à Frisange ⚜ . . . . . . Poste.
de Frisange à LOUXEMBOURG ⚜ . . Poste & demie.

ROUTE

de Strasbourg à Amsterdam

par Mayence, Coblence, Cleve & Utrecht.

39. Postes.

De Strasbourg à Gambsheim ⚜ . . . Deux Postes.
de Gambsheim à Drusenheim ⚜ . . . Poste.
de Drusenheim à Beinheim ⚜ . . . . Deux postes.
de Beinheim a Lauterbourg ⚜ . . . . Deux Postes.

De Lauterbourg à Rheinzabern ⚜ Deux Postes.
de Rheinzabern à Germersheim ⚜ Poste & demie.
de Germersheim à Spire . . . Poste
de Spire à Oggersheim . . . Poste & un quart.
d'Oggersheim à Worms . . . Trois quarts de Poste
de Worms à Oppenheim . . . Poste & un quart.
d'Oppenheim à MAYENCE . . Poste.
de Mayence à Schwalbach . . Poste & demie.
de Schwalbach à Nasstetten . . Poste.
de Nasstetten à Nassau . . . . . Poste.
de Nassau a Coblence . . . . . Poste & demie.
de Coblence à Andernach . . . Poste.
d'Andernach à Remagen . . . Poste & demie.
de Remagen à Bonn . . . . Poste & un quart.
de Bonn à COLOGNE . . . . . Poste & demie.
de Cologne à Dormagen . . . Poste.
de Dormagen à Neus . . . . . Poste.
de Neus à Hochstras . . . . . Deux Postes.
de Hochstras à Xanten . . . . Poste & demie.
de Xanten à Cleve . . . . . . Poste.
de Cleve à Nimmwegen . . . Poste & demie.
de Nimmwegen à Tiel . . . . . Poste & trois quarts.
de Tiel à UTRECHT . . . . . Poste & trois quarts.
d'Utrecht à AMSTERDAM . . . Poste & demie.

ROUTE

de Strasbourg à Aix la Chapelle & Maſtricht

par Cologne.

32. Poſtes

On ſuit la Route précédente juſqu'à Cologne.

De Strasbourg à Cologne . . . . . 26. Poſtes.
de Cologne à Berchem . . . . . . Poſte & demie
de Berchem à Julich . . . . Poſte.
de Julich à Aix la Chapelle . . . . Poſte & demie
d'Aix la Chapelle à MASTRICHT . . . Deux Poſtes.

ROUTE

de Strasbourg à Weſel

par Cologne.

31. $\frac{1}{4}$. Poſtes

On ſuit la Route de Strasbourg à Cologne page 10.

De Strasbourg à Cologne . . . . 26. Poſtes.
de Cologne à Dormagen . . . . . Poſte
de Dormagen à Duſſeldorf . . . . Poſte.
de Duſſeldorf à Duysbourg . . . Poſte& un quart
de Duysbourg à WESEL . . . . . Deux Poſtes.

ROUTE.

de Strasbourg à la Haye

40. ½. Postes.

On suit la Route de Strasbourg à Amsterdam jusqu'à Utrecht page 9.

De Strasbourg à Utrecht . . . 37. ½. Postes

d'Utrecht à Alphen . . . . . . Poste & trois quarts

d'Alphen à la HAYE . . . . . . Poste & un quart.

ROUTE

de Strasbourg à Paderborn, Munster & Embden

par Francfort.

On suit la Route de Strasbourg à Francfort par Heidelberg page 6.

De Strasbourg a Francfort . . . 13. ¾. Postes.

de Francfort à Friedberg . , . Poste & demie.

de Friedberg à Giessen . . . . . Poste & demie.

de Giessen à Amœnebourg . . . Poste & demie.

d' Amœnebourg à Gilserberg . . Poste & demie.

de Gilserberg à Fritzlar . . . Poste & demie.

de Fritzlar à Volkmarsheim . . Deux Postes.

de Volkmarsheim à Scherbete . . Poste.

de Scherbete à PADERBORN . . Poste & trois quarts

de Paderborn à Rittberg . . . . . Poſte & demie.
de Rittberg à Herzenbrock . . . Poſte.
de Herzenbrock à Warendorf . . Poſte.
de Warendorf à MUNSTER . . . Poſte.
de Munſter à Rheine . . . . . . Deux Poſtes.
de Rheine à Lingen . . . . . . Deux Poſtes.
de Lingen à Haſſelune . . . . . Poſte.
de Haſſelune à Wahne . . . . . Poſte.
de Wahne à Aſchendorp . . . . Poſte & un quart
de Aſchendorp à Wehnern . . . Poſte.
de Wehnern à Leer . . . . . . Demie Poſte.
de Leer à Olderſum . . . . . . Poſte.
de Olderſum à EMDEN . . . . Poſte & un quart.

ROUTE
de Strasbourg à Osnabrück.
par Paderborn.
31. ½. Poſtes.

On ſuit la Route précédente juſqu'à Paderborn.

De Strasbourg à Paderborn . . 26. Poſtes.
de Paderborn à Rittberg . . . Poſte & demie.
de Rittberg à Herzenbrock . . Poſte.
de Herzenbrock à Warendorf . Poſte.
de Warendorf à Ibourg . . . Poſte & un quart.
d'Ibourg à OSNABRÜCK . . . Trois quarts de Poſte

ROUTE
de Strasbourg à Hambourg.
par Francfort, Caſſel, Göttingue & Hanovre
40. $\frac{1}{4}$. Poſtes.

On ſuit la Route de Strasbourg a Francfort par Heidelberg page 6.

De Strasbourg à Francfort . . .	13. $\frac{3}{4}$. Poſtes,
de Francfort à Friedberg	Poſte & demie.
de Friedberg à Gieſſen.	Poſte & demie.
de Gieſſen à Marbourg.	Poſte & demie.
de Marbourg à Halsdorf	Poſte.
de Halsdorf à Jeſsberg.	Poſte.
de Jeſsberg à Werkel	Poſte.
de Werkel à CASSEL	Poſte & demie.
de Caſſel à Münden	Poſte.
de Münden à Göttingue	Poſte & demie.
de Göttingue à Nordheim. . . .	Poſte.
de Nordheim à Eimbeck	Poſte.
d'Eimbeck à Brüggen	Poſte & demie.
de Brüggen à Die Wieſe	Poſte.
de Die Wieſe à HANNOVRE . . .	Poſte
d'Hannovre à Engenſen	Poſte & un quart.
d'Engenſen à Zelle	Poſte & un quart.
de Zelle à Witzendorf.	Deux Poſtes.
de Witzendorf à Zahrendorf. . .	Deux Poſtes.
de Zahrendorf à Harbourg . . .	Deux Poſtes.
de Harbourg à HAMBOURG. . .	Poſte.

ROUTE
de Strasbourg à Minden, Bremen & Aurich
par Caſſel.
41. $\frac{3}{4}$ Poſtes.

On ſuit la Route précédente, juſqu'à Caſſel.

De Strasbourg à Caſſel	22. $\frac{3}{4}$. Poſtes.
de Caſſel à Hofgeismar	Poſte.
de Hofgeismar à Carlshafen . . .	Poſte.
de Carlshafen à Höxter	Poſte.
de Höxter à Pyrmont	Poſte & demie.
de Pyrmont à Rinteln	Poſte & demie.
de Rinteln à MINDEN	Poſte.
de Minden à Uchte	Poſte & demie.
d'Uchte à Barembourg	Poſte.
de Barembourg à Baſſum	Poſte.
de Baſſum à BREMEN	Poſte & demie.
de Bremen à Falkenbourg	Poſte & un quart
de Falkenbourg à Oldenbourg . .	Poſte & un quart
d'Oldenbourg à Varel	Poſte & demie.
de Varel à Friedebourg	Poſte.
de Friedebourg à AURICH -	Deux Poſtes.

ROUTE

de Strasbourg à Stade.

par Verden.

39. ¼ Postes.

On suit la Route précédente jusqu'à Minden.

De Strasbourg à Minden	29. ¾. Postes.
de Minden à Lese	Poste & demie.
de Lese à Nienbourg	Poste.
de Nienbourg à Verden	Deux Postes.
de Verden à Ottersberg	Poste.
d'Ottersberg à Closterseeven	Poste & demie.
de Closterseeven à Burgstede	Poste & demie.
de Burgstede à STADE	Poste.

ROUTE

de Strasbourg à Glückstadt

par Hambourg.

43. ¼. Postes.

On suit la Route de Strasbourg à Hambourg, page 14.

De Strasbourg à Hambourg	40. ¼. Postes.
de Hambourg à Pinneberg	Poste.
de Pinneberg à Elmeshorn	Poste.
d'Elmeshorn à GLÜCKSTADT . . .	Poste

ROUTE
de Strasbourg à Kiel
par Hambourg.

45. ½. Postes.

On suit la Route de Strasbourg à Hambourg page 14

De Strasbourg à Hambourg	40. ¼. Postes.
de Hambourg à Brämstedt	Deux Postes.
de Brämstedt à Neumünster	Poste.
de Neumünster à KIEL	Deux Postes.

ROUTE
de Strasbourg à Lübeck.
par Zelle & Lünebourg.

43. ¼. Postes.

On suit la Route de Strasbourg à Hambourg jusqu'à Zelle page 14.

De Strasbourg à Zelle	33. ¼ Postes.
de Zelle à Schafstall	Poste & demie.
de Schafstall à Ebsdorf	Deux Postes.
d'Ebsdorf à LUNEBOURG	Poste & demie.
de Lunebourg à Lauenbourg . . .	Poste.
de Lauenbourg à Möllen	Deux Postes.
de Möllen à Razebourg	Demie Poste.
de Razebourg à LÜBECK	Poste & demie.

ROUTE

de Strasbourg à Schwerin, Roſtock & Stralſund

par Lünebourg.

51. ¼. Poſtes.

On ſuit la Route précédente juſqu'à Lünebourg.

De Strasbourg à Lünebourg	38. ¼. Poſtes.
de Lünebourg à Boitzenbourg . . .	Poſte & demie
de Boitzenbourg à Schwerin	Deux Poſtes.
de Schwerin à Sternberg	Deux Poſtes.
de Sternberg à Güſtrow	Poſte.
de Güſtrow à ROSTOCK	Deux Poſtes.
de Roſtock à Damgarten	Deux Poſtes.
de Damgarten à Neuencamp . . .	Poſte.
de Neuencamp à STRALSUND . . .	Poſte & demie

ROUTE

de Strasbourg à Brunswick

par Göttingue.

30. ¾. Poſtes.

On ſuit la Route de Strasbourg à Hambourg juſqu'à Göttingue page 14.

De Strasbourg à Göttingue	25. ¼ Poſtes.
de Göttingue à Nordheim	Poſte.

de Nordheim à Seeſen . . . . . . Poſte & demie.
de Seeſen à Lutter . . . . Poſte.
de Lutter à BRUNSWICK . . . . Deux Poſtes.

ROUTE

de Strasbourg à Berlin

par Caſſel, Duderſtadt, Halberſtadt, Magdebourg & Brandenbourg.

43. ¾. Poſtes.

On ſuit la Route de Strasbourg à Hambourg jusqu'à Caſſel page 14.

De Strasbourg à Caſſel . . . 22 ¾. Poſtes.
de Caſſel à Groſalmerode . . . Trois quarts de Poſte
de Groſalmerode à Witzenhauſen Trois quarts de Poſte
de Witzenhauſen à Biſchhagen . Poſte.
de Biſchhagen à Duderſtatt . . Poſte.
de Duderſtatt à Ellerich , . . Deux Poſtes.
d'Ellerich à Elbingerode . . . Poſte & demie.
de Elbingerode à Halberſtatt . . Poſte & demie.
de Halberſtatt à Hadmersleben . Poſte & demie,
de Hadmersleben à Wansleben . Poſte.
de Wansleben à Magdebourg . Poſte.
de Magdebourg à Wedlitz . . Poſte.
de Wedlitz à Hohenzinz . - . Poſte.

de Hohenzinz à Ziesar . . . . . . Poste & demie.
de Ziesar à Brandebourg . . . . . Poste & demie.
de Brandebourg à Potsdam . . . . . Deux Postes.
de Potsdam à BERLIN . . . . . . Deux Postes.

ROUTE
de Strasbourg à Berlin
par Francfort, Leipzig & Wittenberg.
44 ¾. Postes.

On fait la Route de Strasbourg à Francfort par Heidel, berg page 6.

De Strasbourg à Francfort . . . 13. ¾. Postes.
de Francfort à Hanau . . . . Poste.
de Hanau à Gelnhausen . . . . Poste & demie.
de Gelnhausen à Salmünster . . . Poste.
de Salmünster à Schlüchtern . . . Poste.
de Schlüchtern à Neuhof . . . . Poste.
de Neuhof à Fulda . . . . . Trois quarts de Poste
de Fulda à Hunfeld . . . . . Poste.
de Hunfeld à Vach . . . . . Poste & demie.
de Vach à Bergen . . . . . . Poste & demie.
de Bergen à Eisenach . . . . . Poste.
d'Eisenach à Gotha . . . . . . Poste & demie.
de Gotha à Erfurt . . . . . . Poste & demie.
d'Erfurt à Buttelstætt . . . . . Poste & demie.

de Buttelſtætt à Auerſtætt . . . . . Poſte.
d'Auerſtætt à Naumbourg . . . . . Poſte.
de Naumbourg à Rippach . . . . . Poſte & demie.
de Rippach à LEIPZIG . . . . Poſte & demie.
de Leipzig à Düben . . . . Deux Poſtes.
de Düben à Wittemberg . . . . . Deux Poſtes.
de Wittemberg à Grobſtætt . . . . Poſte.
de Grobſtætt à Treuenbritzen . . . . Poſte.
de Treuenbritzen à Belitz . . . . . Poſte.
de Belitz à Potsdam . . . . Poſte.
de Potsdam à BERLIN . . . . Deux Poſtes.

ROUTE

de Strasbourg à Halle en Saxe

34. Poſtes.

On ſuit la Route précédente juſqu'à Eiſenach page 20.

De Strasbourg à Eiſenach. . . . . . . 25. Poſtes.
de Eiſenach à Langenſalza . . . . . . Poſte & demie
de Langenſalza à Tennſtett . . . . . Poſte
de Tennſtett à Weiſſenſee . . . . . Poſte.
de Weiſſenſee à Grosneuhaus . . . . Poſte.
de Grosneuhaus a Kloſterhesler . . . Poſte.
de Kloſterhesler à Freybourg. . . . . Poſte.
de Freybourg à Merſebourg. . . . . Poſte & demie
de Merſebourg à HALLE . . . . . . Poſte.

ROUTE

de Strasbourg à Altenbourg

par Erfurt, Weimar & Jena.

33. Postes.

On suit la Route de Strasbourg à Berlin jusqu'à Erfurt page 20.

De Strasbourg à Erfurt . . . . . . 27. Postes.

d'Erfurt à Weimar . . . . poste & demie.

de Weimar à Jena . . . . Poste.

de Jena à Gera . . . . Deux Postes.

de Gera à ALTENBOURG . . . . . Poste & demie.

ROUTE

de Strasbourg à Küstrin

48. $\frac{3}{4}$. Postes.

On suit la Route de Strasbourg à Berlin par Leipzig page 20.

De Strasbourg à Berlin . . . . . . 43. $\frac{3}{4}$. Postes.

de Berlin à Tasdorf . . . . Poste & demie.

de Tasdorf à Mœnchberg . . . . . Poste & demie.

de Mœnchberg à KÜSTRIN . . . . . Deux Postes.

ROUTE

de Strasbourg à Stettin

53. ¾. Poſtes.

On ſuit la Route de Strasbourg à Berlin par Leipzig page 20.

De Strasbourg à Berlin	43. ¾. Poſtes.
de Berlin à Oranienbourg	Deux Poſtes.
d'Oranienbourg à Zehdenick . . .	Poſte & demie
de Zehdenick à Templin	Poſte.
de Templin à Prenzlau	Deux Poſtes.
de Prenzlau à Loekenitz	Deux Poſtes.
de Loëkenitz à STETTIN	Poſte & demie

ROUTE

de Strasbourg à Colberg

59. ¼. Poſtes.

On ſuit la Route de Strasbourg à Berlin page 20.

De Strasbourg à Berlin	43. ¾. Poſtes.
de Berlin à Landsberg	Poſte & demie.
de Landsberg à Strausberg	Demie Poſte.
de Strausberg à Wirtzen	Poſte & demie.
de Wirtzen à Freyenwald	Demie Poſte.
de Freyenwald à Königsberg . . .	Deux Poſtes.
de Königsberg à Neugrappe . . .	Deux Poſtes.

de Neugrappe à Stargard	Poſte & demie.
de Stargard à Maſſow	Poſte.
de *Maſſow* à Naugarden	Poſte.
de Naugarden àGreiffenberg . . .	Poſte & demie.
de Greiffenberg à Treptow	Poſte.
de Treptow à COLBERG	Poſte & demie.

ROUTE

de Strasbourg à Danzig

71. $\frac{1}{4}$. Poſtes.

On ſuit la Route précédente juſqu'à Naugarden.

De Strasbourg à Naugarden	55. $\frac{1}{4}$. Poſtes.
de Naugarden à Platt , ...	Poſte.
de Platt à Pinnow	Poſte.
de Pinnow à Corlin	Deux Poſtes.
de Corlin à Cöslin	Poſte & demie.
de Cöslin à Wüſterwitz	Poſte & un qnart
de Wuſterwitz à Schlave	Poſte & un quart
de Schlave à Stolpe	Poſte & demie.
de Stolpe à Lüpow	Poſte & un quart
de Lupow à Witzko	Poſte & un quart
de Witzko à Dunnemorſe	Deux Poſtes.
de Dunemorſe à DANZIG	Deux Poſtes.

ROUTE.

de Strasbourg à Francfort sur l'Oder

par Leipzig.

44. ½. Poſtes.

On ſuit la Route de Strasbourg à Berlin juſqu'à Leipzig page 20.

De Strasbourg à Leipzig	33. ½ poſtes.
de Leipzig à Eulenbourg	Poſte & demie.
d'Eulenbourg à Torgau	Poſte & demie.
de Torgau à Herzberg	Poſte.
de Herzberg à Hohenluckau . . .	Poſte.
de Hohenluckau à Luckau	Poſte.
de Luckau à Lübben	Poſte.
de Lubben à Beſekow	Poſte & demie.
de Beſekow à Muhlroſe	Poſte & demie.
de Muhlroſe à FRANCFORT . . .	Poſte.

ROUTE

de Strasbourg à Dresden par Leipzig.

39. $\frac{3}{4}$. Postes.

On suit la Route de Strasbourg à Berlin jusqu'à Leipzig page 20.

De Strasbourg à Leipzig . . . . . 33. $\frac{1}{2}$. Postes.
de Leipzig à Wurzen . . . . . . Poste & demie.
de Wurzen à Oschatz . . . . . . Poste.
d'Oschatz à Seerhausen . . . . . Poste.
de Seerhausen à Meissen . . . . . Poste & un quart.
de Meissen à DRESDEN . . . . . Poste & demie.

ROUTE

de Strasbourg à Würzbourg & Hildbourghausen

22. $\frac{1}{2}$. Postes.

De Strasbourg à Kehl ✠ . . . . Poste
de Kehl à Bischofsheim . . . . . . Poste.
de Bischofsheim à Stollhoffen . . . . . Poste.
de Stollhoffen à Rastatt . . . . . . Poste.
de Rastatt à Ettlingen . . . . . . Poste.
d'Ettlingen à Dourlac . . . . Demie Poste.
de Durlac à Bretten . . . . Poste & demie.

de Bretten à Eppingen	Poste.
d'Eppingen à Heilbronn	Poste & demie.
de Heilbronn à Oehringen	Poste & demie.
d'Oehringen à Kinzelsau	Poste.
de Kinzelsau à Mergentheim . . .	Poste & demie.
de Mergentheim à Büttert	Poste.
de Buttert à Würzbourg	Poste & demie.
de Wurzbourg à Schwanfeld	Poste & demie.
de Schwanfeld à Schweinfurt . . .	Poste.
de Schweinfurt à Oberlauringen . .	Poste & demie.
d'Oberlauringen à Miltz	Poste & demie.
de Miltz à HILDBOURGHAUSEN . .	Poste.

ROUTE

de Strasbourg à Nuremberg

21. ¾. Postes

De Strasbourg à Kehl ⚜	Poste.
de Kehl à Bischofsheim	Poste.
de Bischofsheim à Stollhoffen	Poste.
de Stollhoffen à Raftatt	Poste.
de Raftatt à Ettlingen	Poste.
d'Ettlingen à Durlac	Demie Poste.
de Durlac à Pforzheim	Poste
de Pforzheim à Entzweyhingen	Poste & demie
d'Entzweyhingen à Canstatt	Poste & demie

de Canstatt à Schorndorf . . . . . Poste & demie.
de Schorndorf à Gemünd . . . . . Poste & demie.
de Gemund à Aalen . . . . Poste & demie.
de Aalen à Ellwangen . . . . . . Poste & demie.
d' Ellwangen à Dünkelspiel . . . . Poste.
de Dunkelspiel à Feuchtwangen . . Poste.
de Feuchtwangen à Anspac . . . . Poste & demie.
d' Anspac à Closter Heilsbronn . . Poste & un quart.
de Closter-Heilsbronn à NUREMBERG. Poste & demie.

ROUTE
de Strasbourg à Leipzig
par Nuremberg.
40. ¾ Postes.

On suit la Route précédente jusqu'à Nuremberg.

de Strasbourg à Nuremberg . . . . 21 ¾. Postes.
de Nuremberg à Erlangen . . . . Poste & demie.
d' Erlangen à Altendorf . . . . . Poste & demie.
d' Altendorf à Bamberg . . . . . Poste.
de Bamberg à Ratelsdorf . . . . . Poste.
de Ratelsdorf à Gleussen . . . . . Poste.
de Gleussen à Coburg . . . . . . Poste.
de Coburg à Judenbach . . . . . Poste & demie.
de Judenbach à Græfenthal . . . . Poste & un quart.
de Græfenthal à Saalfeld . . . . . Poste & un quart.

de Saalfeld à Uhlſtett . . . . Poſte.
d'Uhlſtett a Jena . . . . Poſte & demie.
de Jena à Naumbourg . . . . Deux Poſtes.
de Naumbourg à Weiſſenfels . . . Poſte & demie.
de Weiſſenfels à Rippach . . . . . . Demie Poſte.
de Rippach à LEIPZIG . . . . . . Poſte & demie.

ROUTE

de Strasbourg à Dresde & Grosglogau

par Nuremberg.

49. $\frac{3}{4}$ Poſtes.

On ſuit la Route de Strasbourg à Nuremberg page 27.

De Strasbourg à Nuremberg . . . . 21. $\frac{3}{4}$. poſtes.
de Nuremberg à Erlangen . . . . . . Poſte & demie.
d Erlangen à Groſsberg . . . . . . Poſte.
de Grosberg à Streitberg . . . . . . Poſte.
de Streitberg à Truppach . . . . . Poſte.
de Truppach à BAREITH . . . . . Poſte
de Bareith à Berneck . . . . Poſte.
de Berneck à Mönchberg . . . . . . Poſte.
de Mönchberg à Hof . . . . Poſte.
de Hof à Plauen . . . . Poſte & demie.
de Plauen à Reichenbach . . . . . Poſte.
de Reichenbach à Zwickau . . . . . Poſte.

de Zwickau à Lichtenstein . . . . Demie Poste.
de Lichtenstein à Chemnitz . . . . Poste & demie.
de Chemnitz à Oderan . . . . . . Poste.
d'Oderan à Freyberg . . . . Poste.
de Freyberg à Herzogswald . . . Poste.
de Herzogswald à DRESDE . . . Poste.
de Dresden à Königsbruck . . . . Poste & demie.
de Königsbruck à Hoyerswerda . . Poste.
de Hoyerswerda à Moskua . . . Deux Postes.
de Moskua à Sorau . . . . Poste & demie.
de Sorau à Hirschfeld . . . . . . Poste & demie.
de Hirschfeld à Neustættel . . . Poste.
de Neustættel à GROSGLOGAU . . Poste & demie.

ROUTE

de Strasbourg à Breslau & Warsovie

par Dresde.

81. Postes

On suit la Route précédente jusqu'à Dresde.

De Strasbourg à Dresde . . . 39. ¾. Postes.
de Dresde à Schmiedefeld . . Poste & demie.
de Schmiedefeld à Bautzen . . Poste & trois quarts.
de Bautzen à Rothenkretschmar . Poste & demie.
de Rothenkretschmar à Görlitz . Poste & demie.
de Görlitz à Waldau . . . . Poste & demie.

de Waldau à Buntzlau . . . Poſte & demie.
de Buntzlau à Haynau . . . Poſte & demie.
de Haynau à Liegnitz . . . Poſte.
de Liegnitz à Neumark . . . Deux Poſtes.
de Neumark à BRESLAU . . . Deux Poſtes.
de Breslau à Oelſe . . . . Deux Poſtes.
d'Oelſe à Wartenberg . . . Deux Poſtes.
de Wartenberg à Kempenow . Poſte
de Kempenow à Wiernzow . . Poſte.
de Wiernzow à Naromiz . . . Poſte & demie.
de Naromiz à Wielgie . . . Poſte & demie.
de Wielgie a Widawa . . . Poſte & demie.
de Widawa à Lomka . . . . Poſte.
de Lomka à Rosniatowitz . . Poſte.
de Rosniatowitz à Peterkau . . Poſte.
de Peterkau à Wolborz . . . Poſte.
de Wolborz à Lubochnia. . . Poſte & trois quarts.
de Lubochnia à Rawa. . . . Poſte & trois quarts.
de Rawa à Chrzonowitz . . Poſte & un quart.
de Chrzonowitz à Mſzezanow . Poſte & un quart.
de Mſzezanow à Nadarzin . . Deux Poſtes.
de Nadarzin à VARSOVIE . . Deux Poſtes.

ROUTE

de Strasbourg à Carlsbad

par Bareith & Eger.

71. $\frac{3}{4}$. Postes.

On suit la Route de Strasbourg à Grosglogau jusqu'à Bareith page 29.

De Strasbourg à Bareith . . . . . 27. $\frac{1}{4}$. Postes.

de Bareith à Berneck . . . . . . Poste & demie.

de Berneck à Frankenhammer . . Poste & demie.

de Frankenhammer à Eger . . . . Poste & demie.

d'Eger à Zwoda . . . . Poste & un quart.

de Zwoda a CARLSBAD . . . . . Poste & un quart.

ROUTE

de Strasbourg à Prague, Königgrætz, Glatz & Naisse.

par Nuremberg.

58 $\frac{1}{4}$. Postes.

On suit la Route de Strasbourg à Nuremberg page 27.

De Strasbourg à Nuremberg . 21. $\frac{3}{4}$. Postes.

de Nuremberg à Ruckersdorf . Poste

de Ruckersdorf à Altensittenbach. Poste.

d'Altensittenbach à Hartmansdorf. Trois quarts de poste

de Hartmansdorf à Sulzbach . . Poſte.
de Sulzbach à Amberg . . . . Trois quarts de Poſte
d'Amberg à Schwarzenfeld . . Poſte & demie.
de Schwarzenfeld à Firn . . . Poſte.
de Firn à Retz . . . . Poſte.
de Retz à Waldmünchen . . Poſte.
de Waldmünchen à Klentſch . . Poſte.
de Klentſch à Teinitz . . . . Poſte.
de Teinitz à Stankan . . . . Poſte.
de Stankan à Staab . . . . Poſte.
de Staab à Pilſen . . . . . Poſte.
de Pilſen à Rokitzan . . . . Poſte.
de Rokitzan à Mauth . . . . Poſte.
de Mauth à Zerowitz . . . Poſte
de Zerowitz à Zditz . . . . Poſte.
de Zditz à Duſchnick . . . Poſte.
de Duſchnick à PRAGUE . . Poſte.
de Prague à Brandeis . . . Poſte & demie.
de Brandeis à Liſſa . . . . Poſte.
de Liſſa à Nienbourg . . . Poſte.
de Nienbourg à Königſtadt . . Poſte.
de Königſtadt à Clumetz . . Poſte.
de Clumetz à Königgrætz . . Poſte & demie.
de Königgrætz à Jaromirz . . Poſte.
de Jaromirz à Nachod . . . Poſte & demie.
de Nachod à Reinerz . . . Poſte & demie.

de Reinerz à Glatz	Poſte & demie.
de Glatz à Frankenſtein	Poſte & demie.
de Frankenſtein à Münſterberg . . .	Poſte.
de Münſterberg à NEISSE	Poſte & demie.

ROUTE

de Strasbourg à Vienne

par Ulm, Augsbourg & Munic

51. ¼. Poſtes

De Strasbourg à Kehl ⚜.	Poſte.
de Kehl à Biſchofsheim	Poſte.
de Biſchofsheim à Stollhofen	Poſte.
de Stollhofen à Raſtatt	Poſte.
de Raſtatt à Ettlingen	Poſte.
d'Ettlingen à Durlac	Demie Poſte.
de Durlac à Pforzheim	Poſte.
de Pforzheim à Entzweyhingen . .	Poſte & demie.
d'Entzweyhingen à Canſtatt . . .	Poſte & demie.
de Canſtatt à Blochingen	Poſte.
de Blochingen à Cöppingen	Poſte.
de Cöppingen à Geislingen	Poſte.
de Geislingen à Weſterſtetten	Poſte.
de Weſterſtetten à Ulm	Poſte.
d'Ulm à Günzbourg	Poſte & demie.

de Günzbourg à Zusmarshausen . . Poste & demie.
de Zusmarshausen à AUGSBOURG . Poste & demie.
de Augsbourg à Eversberg . . . Poste& un quart
de Eversberg à Schwabhausen . . Poste & demie.
de Schwabhausen à MUNIC . . . . Poste & demie.
de Munic à Anzing . . . . Poste & demie.
d'Anzing à Haag . . . . . . Poste & demie.
de Haag à Ampfing . . . . . Poste & demie.
d'Amfing à Altenötting . . . . Poste & demie.
de Altenötting à Mærkel . . . . Poste
de Mærkel à Braunau . . . . . Poste.
de Braunau à Altheim . . . . . Poste.
d' Altheim à Ried . . . . . . Poste & demie.
de Ried à Unterhang . . . . . Poste.
d' Unterhang à Lambach . . . . Poste & demie.
de Lambach à Welz . . . . . . Poste.
de Welz à Linz . . . . Deux Postes.
de Linz à Ennz . . . . Poste & demie.
d'Ennz à Strennberg . . . . . Poste.
de Strennberg à Amstetten . . . . Poste & demie.
d' Amstetten à Kemmelbach . . . Poste.
de Kemmelbach à Mœlk . . . . Poste & demie.
de Mœlk à St. Pœlten . . . . . Poste & demie.
de St Pœlten à Perschling . . . . Poste.
de Perschling à Siegardskirchen . . Poste.
de Siegardskirchen à Burckersdorf . Poste.
de Burckersdorf à VIENNE . . . Poste.

ROUTE

de Strasbourg à Ollmütz

63. $\frac{1}{4}$. Postes.

On suit la Route précédente jusqu'à Vienne.

De Strasbourg à Vienne	. . . . . .	51. $\frac{3}{4}$. Postes.
de Vienne à Wolkersdorf	. . . . .	Deux Postes.
de Wolkersdorf à Gannersdorf	. . .	Poste.
de Gannersdorf à Bonstorf	. . . . .	Poste.
de Bonstorf à Nicolsbourg	. . . . .	Poste.
de Nicolsbourg à Pœrlitz	. . . . . .	Poste.
de Pœrlitz a Brünn	. . . .	Deux Postes.
de Brünn à Wischau	. . . .	Deux Postes.
de Wischau à Prostnitz	. . . . . .	Poste.
de Prostnitz à OLLMÜTZ	. . . . .	Poste.

ROUTE

de Strasbourg à Ratisbonne

par Dillingen, Neubourg & Ingolstadt

25. Postes.

On suit la Route de Strasbourg à Vienne jusqu'à Geislingen page 34.

De Strasbourg à Geislingen	. . . .	12 $\frac{1}{2}$. Postes.
de Geislingen à Giengen	. . . . .	Deux Postes,

de Giengen à Dillingen . . . . . . Poſte.
de Dillingen à Donauwerth . . . . Poſte & demie.
de Donauwerth à Neubourg . . . . Deux Poſtes.
de Neubourg à Ingolſtadt . . . . . Poſte.
d'Ingolſtadt à Neuſtadt . . . . . . Deux Poſtes.
de Neuſtadt à Saal . . . . Poſte & demie.
de Saal à RATISBONNE . . . . . . Poſte & demie.

ROUTE

de Strasbourg à Paſſau

34. $\frac{1}{4}$. Poſtes.

On ſuit la Route de Strasbourg à Vienne juſqu'à Braunau page 34.

De Strasbourg à Braunau . . . . 30. $\frac{3}{4}$. Poſtes.
de Braunau à Schärding . . . . . Poſte & demie.
de Schärding à PASSAU . . . . . . Poſte & demie.

ROUTE

de Strasbourg à Stoucard

9. $\frac{1}{2}$. Poſtes.

De Strasbourg à Kehl ⚜ . . . . . Poſte.
de Kehl à Biſchofsheim . . . . . . Poſte.
de Biſchofsheim à Stollhofen . . . . Poſte.

de Stollhofen à Raſtatt	Poſte.
de Raſtatt à Ettlingen	Poſte.
d'Ettlingen à Dourlac	Demie Poſte.
de Dourlac à Pforzheim	Poſte.
de Pforzheim à Entzweyhingen . .	Poſte & demie.
d'Entzwezhingen à STOUCARD . .	Poſte & demie.
Communicat. d'Enzweyhingen à Ludwigsbourg	Poſte & un quart

ROUTE
de Strasbourg à Grætz
Par Munic & Salzbourg.
43. Poſtes.

On ſuit la Route de Strasbourg à Vienne juſqu'à Munic, page 34.

De Strasbourg à Munic	23. $\frac{1}{4}$. Poſtes.
de Munic à Zorneding	Poſte & un quart.
de Zorneding à Stainering	Poſte & un quart.
de Stainering à Waſſerbourg . .	Poſte.
de Waſſerbourg à Stain	Poſte.
de Stain à Frauenſtein	Poſte.
de Frauenſtein à Reichenhall . .	Deux Poſtes.
de Reichenhall à Salzbourg	Poſte.
de Salzbourg à St. Gilgen	Poſte.
de St. Gilgen à Iſchel	Poſte.
d'Iſchel à Auſee	Poſte.

d'Ausee à Rotenmann . . . . . . Poste.
de Rotenmann à Steinach . . . . Poste.
de Steinach à Leoben . . . . Poste.
de Leoben à Vordernberg . . . . . Poste.
de Vordernberg à Bruck . . . . . . Poste.
de Bruck à Rœtelstein . . . . . . Poste.
de Rœtelstein à Pegau . . . . Poste.
de Pegau à GRÆTZ . . . . Poste.

ROUTE
de Strasbourg à Clagenfurt

48. ¾. Postes.

On suit la Route précédente jusqu'à Salzbourg.

De Strasbourg à Salzbourg . . . . . 31. ¾. Postes
de Salzbourg à Hallein . . . . . . Poste.
de Hallein à Colling . . . . Poste.
de Colling à Werfen . . . . Poste & demie.
de Werfen à Hytter . . . . Poste.
de Hytter à Radstatt . . . . Poste.
de Radstatt à Unter-Lauer . . . . . Poste.
d'Unter Lauer à Weng . . . . . . Deux Postes.
de Weng à St. Michel . . . . . . Poste & demie.
de St. Michel à Gemünd . . . . . Poste & demie.
de Gemünd à Spital . . . . Poste.
de Spital à St. Paternion . . . . . Poste.

de St. Paternion à Villach . . . . . . Poſte.
de Villach à Velden . . . . Poſte.
de Velden à CLAGENFURT . . . . . . Poſte

ROUTE
de Strasbourg à Augsbourg
par la Forêt noire.
19. $\frac{3}{4}$. Poſtes.

De Strasbourg à Kehl ⚜ . . . . Poſte.
de Kehl à Offenbourg . . . . Poſte.
de Offenbourg à Gengenbach . Demie Poſte.
de Gengenbach à Haslach . . . . Poſte.
de Haslah à Hornberg . . . Poſte.
de Hornberg à Schiltach . . . Trois quarts de Poſte.
de Schiltach à Villingen . . . Trois quarts de Poſte.
de Villingen à Doneſchingen . Poſte & trois quarts.
de Doneſchingen à Duttlingen . Poſte & demie.
de Duttlingen à Meskirch . . Poſte.
de Meskirch à Mengen . . . Poſte.
de Mengen à Sulkan . . . . Poſte.
de Sulkan à Biberach . . . Poſte & un quart.
de Biberach à Ochſenhauſen . Poſte.
d'Ochſenhauſen à Memmingen . Poſte.
de Memmingen à Mindelheim . Poſte & un quart.
de Mindelheim à Schwabmünchen . Poſte & demie.
de Schwabmünchen à AUGSBOURG . Poſte & demie.

ROUTE

de Strasbourg à Insspruck, Clagenfurt & Triesste.

60. $\frac{1}{4}$. Postes.

On suit la Route précédente jusqu'à Duttlingen.

De Strasbourg à Duttlingen . . . . 10 Postes.
de Duttlingen à Engen . . . . . . Poste.
d'Engen à Stockach . . . . Poste.
de Stockach à Deisendorf . . . . . . Poste.
de Deisendorf à Markdorf . . . . . Poste.
de Markdorf à Durnast . . . . . . Poste.
de Durnast à Altdorf . . . . Poste.
d'Altdorf à Bergetreuthe . . . . . Poste.
de Bergetreuthe à Leuthkirch . . . Poste.
de Leuthkirch à Kummerhoffen . . . Poste.
de Kummerhoffen à Kempten . . . Poste.
de Kempten à Kempterwald . . . . Poste.
de Kempterwald à Weisbach . . . Poste.
de Weisbach à Fuesen . . . . . . Poste.
de Fuesen à Heiterwangen . . . . Poste.
de Heiterwangen à Nazaret . . . . Poste.
de Nazaret à Barweis . . . . . . Poste
de Barweis à Dirschenbach . . . . Poste.
de Dirschenbach à INSPRUCK . . . Poste.

d'Inſpruck à Schœnberg . . . . Poſte.
de Schœnberg à Steinach . . . . Poſte.
de Steinach à Brenner . . . . . Poſte.
de Brenner à Sterzingen . . . . Poſte.
de Sterzingen à Mittewald . . . Poſte
de Mittewald à Brixen . . . . Poſte.
de Brixen à Niederfindel . . . Poſte.
de Niederfindel à Brauneck . . . Poſte.
de Brauneck à Niederdorf . . , Poſte.
de Niederdorf à Silien . . . . Poſte.
de Silien à Mittewald . . . . Poſte.
de Mittewald à Lienz . . . . . Poſte.
de Lienz à Oberdrabourg . . . Poſte
d'Oberdrabourg à Greifenbourg . Poſte.
de Greifenbourg à Saxenbourg . . Poſte.
de Saxenbourg à Spital . . . . Poſte.
de Spital à St. Paternion . . . . Poſte & demie.
de St. Paternion à Villach . . . Poſte.
de Villach à Velden . . . . . Poſte.
de Velden à CLAGENFURT . . . Poſte.
de Clagenfurt à Unterbergen . . Poſte.
d'Unterbergen à Neumærkel . . Deux Poſtes.
de Neumærkel à Krainbourg . . Poſte.
de Krainbourg à Lanbach . . . Poſte & demie
de Lanbach à Oberlaubach . . Poſte.
d'Oberlaubach à Loſchitzſch . . Poſte.
de Loſchitzſch à Adlersberg . . . Poſte.

d'Adlersberg à Prewald . . . . . . Poſte.
de Prewald à Cornial . . . . . . Poſte.
de Cornial à TRIESTE . . . . . . Poſte.
De la on péut s'embarquer pour aller en quelques heures de temps à VENISE.

SUISSE

Route de Strasbourg à Basle

14. ½. Poſtes.

De Strasbourg à Kraſt ⚜ . . . . . Deux Poſtes.
Et deux poſtes & demie par la Diligence.
de Kraſt à Frieſenheim ⚜ . . . . Poſte & demie.
de Frieſenheim à Markelsheim ⚜ . . Deux Poſtes.
de Markelsheim à Neubriſac ⚜ . . . Deux Poſtes.
de Neubriſac à Feſſenheim ⚜ . . . Poſte & demie.
de Feſſenheim à Ottmarsheim ⚜ . . Poſte & demie.
d'Ottmarsheim à Kembs ⚜ . . . . Poſte & demie.
de Kembs à St. Louis ſous Huningue ⚜ Poſte & demie
de St. Louis à BASLE ⚜ . . . . . . Poſte.

AUTRE ROUTE
de Strasbourg à Basle
par l'Allemagne.

8 ¾. Postes.

De Strasbourg à *Kehl* ⚜	. . .	Poste.
de Kehl à Offenbourg	. . .	Poste.
d'Offenbourg à Friesenheim	.	Trois quarts de Poste.
de Friesenheim à Kenzingen	.	Poste & un quart.
de Kenzingen à Emmedingen	.	Trois quarts de Poste.
d'Emmedingen à Freybourg .	.	Trois quarts de Poste.
de Freybourg à Mühlheim .	.	Poste & demie.
de Muhlheim à Kaltenherberg	.	Trois quarts de Poste.
de Kaltenherberg à BASLE .	.	Poste.

ROUTE
de Strasbourg à Schafhouse & Lindau

45. ¾ Postes.

De Strasbourg à Kehl ⚜	. . .	Poste.
de Kehl à Offenbourg	. . .	Poste.
d'Offenbourg à Gengenbach	.	Demie Poste.
de *Gengenbach* à Haslach	. .	Poste.
de Haslach à Hornberg	. . .	Poste.
de Hornberg à Schiltach	. .	Trois quarts de Poste.
de Schiltach à Villingen	. .	Trois quarts de Poste.

de Villingen à Doneſchingen . .	Poſte & trois quarts.
de Doneſchingen à Zollhaus . .	Poſte.
de Zollhaus à SCHAFHOUSE . .	Poſte.
de Schafhouſe à Singen . . .	Poſte.
de Singen à Conſtanz . . .	Poſte & demie.
de Conſtanz à Mœrsbourg . . .	Demie Poſte.
de Mœrsbourg à Buchhorn . .	Poſte & demie.
de Buchhorn à LINDAU. . . .	Poſte & demie.

ROUTE
de Strasbourg à Zuric

On ſuit la Route de Strasbourg à Basle par Kraft.

De Strasbourg à Basle ⚜	$14\frac{1}{2}$ Poſtes.
de Basle à Mumpf	Cinq Lieues.
de Mumpf à Brugg	Sept Lieues.
de Brugg à ZURIC.	Six Lieues.

ROUTE
de Strasbourg à Geneve
par Berne.

On ſuit la Route de Strasbourg à Basle par Kraft page 43.

De Strasbourg à Basle ⚜	$14\frac{1}{2}$ Poſtes.
de Basle à Lichſtall	Trois Lieues.
de Lichſtall à Langenbruck	Trois Lieues.

de Langenbruck à Witlisbach . . .	Six Lieues.
de Witlisbach à SOLEURE	Deux Lieues.
de Soleure à Fraubrunn	Deux Lieues.
de Fraubrunn à BERN	Quatre Lieues.
de Bern à Morat	Quatre Lieues.
de Morat à Payerne	Quatre Lieues.
de Payerne à Moudon	Quatre Lieues.
de Moudon à LAUSANNE	Cinq Lieues.
de Lausanne à Morges	Deux Lieues.
de Morges à Rolle	Trois Lieues.
de Rolle à Nyon	Deux Lieues.
de Nyon à Geneve	Quatre Lieues.

Communication.

de Bern à Neuſchatel	Sept Lieues.

ROUTE

de Strasbourg à Turin.

66. ½. Poſtes.

On ſuit la Route précédente de Strasbourg juſqu'à Geneve.

De Strasbourg à Geneve ⚜	39. Poſtes.
de Geneve à Chable ⚜	Poſte.
de Chable à Cruſeille ⚜	Poſte.
de Cruſeille à Anneçy ⚜	Poſte.
d'Anneçy à St. Felix ⚜	Poſte.
de St. Felix à Aix ⚜	Poſte

d'Aix à Chambery ⚜ . . . . . . Poſte.
de Chambery à Montmelian ⚜ . . . Poſte.
de Montmelian à Maleravene ⚜ . . Poſte.
de Maleravene à Aiguebelle ⚜ . . . Poſte.
de Aiguebelle à Epierre ⚜ . . . . Poſte.
d'Epierre à la Chambre ⚜ . . . . . Poſte.
de la Chambre à St. Jean de Maurienne ⚜ Poſte.
de St. Jean de Maurienne à St. Michel ⚜ Poſte & demie
de St. Michel à St. André ⚜ . . . . Poſte & demie.
de St. André à Villarodin ⚜ . . . . Poſte.
de Villarodin à Brumann ⚜ . . . Poſte.
de Brumann à Lanebourg ⚜ . . . Poſte.
de Lanebourg aux Tournettes ⚜ . . Poſte.
des Tournettes à Novalaiſe ⚜ . . . Poſte & demie.
(de Lanebourg on monte le Mont-Cenis juſqu'à la grand'-Croix à dos de mulet : de la grand'-Croix on le deſcend juſqu'à Novalaiſe en ſe faiſant porter ſur une chaiſe par deux hommes.)
de Novalaiſe à Suſe ⚜ . . . . . Poſte & demie.
de Suſe à la Jaconiere ⚜ . . . . . Poſte & demie.
de la Jaconiere à St. Ambroiſe ⚜ . . Poſte.
de St. Ambroiſe à Rivoli ⚜ . . . Poſte.
de Rivoli à TURIN ⚜ . . . . . . Poſte demie.

ROUTE
de Strasbourg à Turin
par Lion.

88. Poſtes.

De Strasbourg à Fegersheim ⚜ . . . . Poſte & demie
de Fegersheim à Benfelden ⚜ . . . . Poſte & demie.
de Benfelden à Seleſtadt ⚜ . . . . . Poſte & demie.
de Seleſtadt à Oſtheim ⚜ . . . . . Poſte.
d'Oſtheim à Colmar ⚜ . . . . . . Poſte.
de Colmar à Iſenheim ⚜ . . . . . . Deux Poſtes.
d' Iſenheim à Aſpach ⚜ . . . . . Deux Poſtes.
d' Aſpach à la Chapelle ⚜ . . . . . Poſte & demie.
de la Chapelle à Befort ⚜ . . . . . Poſte & demie.
de Befort à Tavey ⚜ . . . . . . Poſte & demie.
de Tavey à L'Isle ⚜ . . . . Deux Poſtes.
de L' Isle à Clerval ⚜ . . . . Poſte.
de Clerval à Beaume les Dames ⚜ . Poſte & demie.
de Beaume les Dames à Roulans ⚜ . Poſte & demie.
de Roulans à BESANÇON ⚜ . . . . Deux Poſtes.
de Beſançon à Saint Wit ⚜ . . . . Deux Poſtes.
de Saint Wit à Orchamps ⚜ . . . . Poſte & demie.
d' Orchamps à Dole ⚜ . . . . Poſte & demie.
de Dole à Auxonne ⚜ . . . . Poſte & demie.
d'Auxonne à Genlis ⚜ . . . . Poſte & demie.
de Genlis à DIJON ⚜ . . . . Poſte & demie.

de Dijon à la Baraque . . . Poſte & demie.
de la Baraque à Nuys . . . . Poſte.
de Nuys à Beaune . . . . . Poſte & demie.
de Beaune à Chaigny . . . . Poſte & demie.
de Chaigny à Challons . . . Deux Poſtes.
de Challons à Sennecey . . . Deux Poſtes.
de Sennecey à Tournus . . . Poſte.
de Tournus à St. Albin . . . Deux Poſtes.
de St. Albin à Macon . . . . Poſte & demie.
de Macon à la Maiſon Blanche Deux Poſtes.
de la Maiſon blanche à St. George de Renant . Poſte & demie.
de St. George à Ville Franche . Poſte.
de Ville Franche aux Echels . Poſte.
des Echels à LYON . . . . Trois Poſtes.
de Lyon à Bron . . . . . Deux Poſtes.
de Bron à St. Laurent de Mures Poſte.
de St. Laurent à la Verpilliere Poſte & demie.
de la Verpilliere à Bourgoin . Poſte & demie.
de Bourgoin à Vacheres . . Poſte.
de Vacheres à la Tour du Pin . Poſte.
de la Tour du Pin au Gas . Poſte.
du Gas au Pont de Beauvoiſin Poſte.
du P. Beauvoiſin à Chambery Deux Poſtes & demie
de Chambery à TURIN . . . $20\frac{1}{2}$. Poſtes.

Voyez la Route précédente depuis Chambery à Turin.

Les deux Routes ſuivantes ſont les Routes que prend la Diligence Royale de Strasbourg à Francfort.

Premiere Route de la Diligence de Strasbourg a Francfort, par Haguenau, Wiſſembourg, Landau, Mannheim & Mayence.

17. $\frac{1}{4}$. Poſtes.

De Strasbourg à Brumpt ⚜ . . .	Deux Poſtes.
de Brumpt à Haguenau ⚜ . . .	Poſte & demie.
de Haguenau à Surbourg ⚜ . . .	Poſte & demie.
de Surbourg à Wiſſembourg ⚜ . .	Deux Poſtes.
de Wiſſembourg à N. Otterbach ⚜ .	Poſte.
de N. Otterbach à Landau ⚜ . .	Deux Poſtes.
de Landau à Neuſtadt	Poſte.
de Neuſtadt à MANNHEIM . .	Poſte & demie.
de Mannheim à Worms . . .	Poſte.
de Worms à Oppenheim . . .	Poſte & un quart.
de Oppenheim à Mayence . . .	Poſte.
de Mayence à Haddersheim . .	Poſte.
de Haddersheim à FRANCFORT . .	Poſte.

SecondeRoute de la Diligence de Strasbourg à Francfort par Lauterbourg, Spire Mannheim & Mayence.

18. ¼. Poſtes.

De Strasbourg à Gambsheim ⚜ . Deux Poſtes.
de Gambsheim à Druſenheim ⚜ . Poſte.
de Druſenheim à Beinheim ⚜ . . Deux Poſtes.
de Beinheim à Lauterbourg ⚜ . . Deux Poſtes.
de Lauterbourg à Candel ⚜ . . . Poſte & demie.
de Candel à Rheinzabern ⚜ . . . Poſte.
de Rheinzabern à Germersheim ⚜ . Poſte & demie.
de Germersheim à Spire . . . . Poſte.
de Spire à Mannheim . . . . Poſte.
de Mannheim à Worms . . . Poſte.
de Worms à Oppenheim . . . Poſte & un quart.
d'Oppenheim à Mayence . . . Poſte.
de Mayence à Haddersheim . . . Poſte.
de Haddersheim à FRANCFORT . Poſte.

AVERTISSEMENT.

DE l'Arrivée & du Départ des Diligences de poste dans la Province d'Alsace, ainsi de ce qu'il en coute à chaque personne pour sa place de poste en poste & *deux sols d'enregistrement* au Bureau où l'on arrête sa place.

Diligence de Colmar.

Départ *de Strasbourg* Mardi à 5. heures précises du matin & arrive à Colmar vers midi.

Mecredi à 5. heures du matin part une Diligence *de Colmar* pour Belfort, & y arrive à midi: l'on trouve à Belfort des commodités pour Montbeillard, Besançon & Lyon.

Jeudi & Samedy à 5. heures la même Diligence part *de Strasbourg* pour Colmar, & y arrive vers midi.

Dimanche vers Midi revient la Diligence *de Belfort* à Colmar, & delà elle arrive Lundi à Strasbourg vers midi.

En hiver toutes ces Diligences ne partant qu'à porte ouvrante n'arrivent à Belfort, Colmar & Strasbourg les mêmes jours que l'apres-midi à 3 ou 4 heures.

La personne paye à Strasbourg

	lb.	sols.
pour Enrégistrement de la place	--	2.
& *de Strasbourg* à Fegersheim	1	10.
-- -- delà à Benfeld	1	10.
-- -- delà à Selestat	1	10.
-- -- delà à Ostheim	1	10.
-- -- delà à Colmar	1	--
Total.	7.	2.

Route de Belfort.

	lb.	--	fols.
De Colmar à Ifenheim	2	--	--
d'Ifenheim à Afpach	2	--	--
d'Afpach à la Chapelle	1	--	10.
de la Chapelle a Belfort	1	--	10.
Total.	7	--	--

Nota. On paffe au Voyageur 50. Livres d'équipage franc jufqu'à Colmar, mais *de Colmar* à Belfort feulement 30. Livr. L'excedent fe paye à raifon d'un Sol la livre pour Colmar & autant pour Belfort, & pour les autres endroits à proportion de leur diftance.

Diligence de Basle.

Celle-ci part *de Strasbourg* tous le Lundis & Vendredis à 5. heures du matin, & arrive à Basle les mêmes jours au foir. A Basle on trouve des Commodités pout aller à Soleure, Berne, Laufanne, Geneve &c. Cette Diligence retourne de Basle tous les Mecredis & Samedis à 5. heures du matin, & arrive le même foir à Strasbourg.

En hiver elle part *de Strasbourg* les mêmes jours à porte ouvrante, couchant Lundi à Kembs, pour arriver à Basle Mardi matin. Vendredi elle prend fon gite à Saint Louis, pour arriver Samedi matin à Basle, d'où elle repart tout de fuite pour Strasbourg couchant à Kraft, & arrive Dimanche matin à Strasbourg. Mecredi elle repart de Basle a porte ouvrante, va jusqu'à Kraft, & arrive Jeudi matin a Strasbourg.

La perfonne paye à Strasbourg

	lb.	--	fols.
pour enrégiftrement de la place	--	--	2.
& pour Kraft	2	--	10.
-- -- delà à Friefenheim	1	--	10.

-- -- delà à Markelsheim	2	--	--
-- -- delà à Biesheim	1	--	10.
-- -- delà à Feſſenheim	1	--	10.
-- -- delà à Ottmarsheim	1	--	10.
-- -- delà à Kembs	1	--	10.
-- -- delà à Saint Louis	1	--	10.
-- -- delà à Basle	1	--	--
Total	14	--	12.

On paſſe au Voyageur 30 Livres d'Equipage franc. l'Ecédent ſe paye à raiſon de deux ſols la livre juſqu'a Basle, & des autres lieux en deça à proportion.

Diligence de Mannheim.
Route par Lauterbourg

Depart Lundi à 5. heures préciſes du matin, & arrive le même ſoir à Spire, le lendemain mardi elle repart de grand matin pour être à ſix heures à Mannheim, afin de pouvoir continuer ſa Route pour Mayence ou l'on couche; le lendemain on eſt rendu à Francfort.

Mardi au ſoir la Diligence revient *de Mannheim* a Spire, & arrive Mecredi au Soir a Strasbourg.

En hiver elle part *de Strasbourg* Dimanche à 8. heures du matin, couche à Lauterbourg, & repart Lundi à porte ouvrante pour arriver le même ſoir à Mannheim.

La perſonne paye à Strasbourg

	lb.	--	ſols.
pour ſe faire enrégiſtrer	--	--	2.
de Strasbourg à Gambsheim	2	--	--
-- -- delà à Druſenheim	1	--	--

-- -- dela à Beinheim	2	--	--
-- -- delà à Lauterbourg	2	--	--
-- -- delà à Candel	1	--	10.
-- -- delà à Rheinzabern	1	--	--
-- -- delà à Germersheim	1	--	10.
-- -- delà à Spire	2	--	--
-- -- delà à Mannheim	2	--	--
Total.	15	--	2.

Diligence de Mannheim.

Route par Landau.

Cette Diligence part *de Strasbourg* Vendredi à 5. heures précises du matin, dine à Wissembourg, & va coucher à Neustadt, elle repart le lendemain Samedi de grand matin pour arriver à 6. heures à Mannheim, & continuer la Route de la même maniere que Lundi.

Elle repart *de Mannheim* Samedi à midi pour Neustadt, & revient à Strasbourg Dimanche à 8. heures du soir.

En hiver elle part *de Strasbourg* à 8. heures précises du matin, son gite est à Wissembourg, & le lendemain Vendredi elle repart dela pour arriver le même soir à Mannheim, & suivre le lendemain de même sa route jusqu'à Mayence, Francfort &c.

Le voyageur peut sûrement compter d'être rendu à Francfort en deux jours & demi en Eté & en Hiver en trois jours & demi.

La perſonne paye à Strasbourg

	lb.	--	ſols.
pour l'enregiſtrement de la place	--	--	2.
& *de Strasbourg* à Brumpt	2	--	--
de Brumpt à Haguenau	1	--	10.
de Haguenau à Surbourg	1	--	10.
de Surbourg à Wiſſembourg	2	--	--
-- -- dela à Niderotterbach	1	--	--
-- -- dela à Landau	2	--	--
-- -- dela à Neuſtadt	2	--	--
-- -- dela à Mannheim	3	--	--
Total.	15.	--	2.

Sur chacune de ces deux Routes *de Strasbourg* à Mannheim le Paſſager a 30. Livres de franc de ſon équipage, le ſurplus ſe paye à raiſon de deux ſols la livre, & pour les endroits en deça à proportion.

NB. Sur toutes ces Routes en général le Paſſager eſt obligé de payer au Guide ou Poſtillon deux ſols par poſte ou un Sol par lieuë.

Toutes ces Diligences ſont très-commodes & douces, étant ſuſpendues en Cuir comme les Berlines.

TARIF

TARIF

De l'Argent d'Empire en Argent de France, le Louis d'or à raiſon d'onze Florins Argent d'Empire.

Kreutzer	ſ.	d.	*Kreutzer*	ſ.	d.
1 Kreutzer fait	--	8$\frac{8}{11}$	17 Kr. font	12	4$\frac{4}{11}$
2	1	5$\frac{5}{11}$	18 . . .	13	1$\frac{1}{11}$
3	2	2$\frac{2}{11}$	19 . . .	13	9$\frac{9}{11}$
4	2	10$\frac{10}{11}$	20 . . .	14	6$\frac{6}{11}$
5	3	7$\frac{7}{11}$	21 . . .	15	3$\frac{3}{11}$
6	4	4$\frac{4}{11}$	22 . . .	16	--
7	5	1$\frac{1}{11}$	23 . . .	16	8$\frac{8}{11}$
8	5	9$\frac{9}{11}$	24 . . .	17	5$\frac{5}{11}$
9	6	6$\frac{6}{11}$	25 . . .	18	2$\frac{2}{11}$
10	7	3$\frac{3}{11}$	26 . . .	18	10$\frac{10}{11}$
11	8	--	27 . . .	19	7$\frac{7}{11}$
12	8	8$\frac{8}{11}$	28 . . .	20	4$\frac{4}{11}$
13	9	5$\frac{5}{11}$	29 . . .	21	1$\frac{1}{11}$
14	10	2$\frac{2}{11}$	30 . . .	21	9$\frac{9}{11}$
15	10	10$\frac{10}{11}$	31 . . .	22	6$\frac{6}{11}$
16	11	7$\frac{7}{11}$	32 . . .	23	3$\frac{3}{11}$

Kreutzer	ſ.	₰.
33 Kr. font	24	--
34 . . .	24	$8\frac{8}{11}$
35 . . .	25	$5\frac{5}{11}$
36 . . .	26	$2\frac{2}{11}$
37 . . .	26	$10\frac{10}{11}$
38 . . .	27	$7\frac{7}{11}$
39 . . .	28	$4\frac{4}{11}$
40 . . .	29	$1\frac{1}{11}$
41 . . .	29	$9\frac{9}{11}$
42 . . .	30	$6\frac{6}{11}$
43 . . .	31	$3\frac{3}{11}$
44 . . .	32	--
45 . . .	32	$8\frac{8}{11}$
46 . . .	33	$5\frac{5}{11}$
47 . . .	34	$2\frac{2}{11}$
48 . . .	34	$10\frac{10}{11}$
49 . . .	35	$7\frac{7}{11}$
50 . . .	36	$4\frac{4}{11}$
51 . . .	37	$1\frac{1}{11}$
52 . . .	37	$9\frac{9}{11}$
53 . . .	38	$6\frac{6}{11}$

Kreutzer	ſ.	₰.
54 Kr. font	39	$3\frac{3}{11}$
55 . . .	40	--
56 . . .	40	$8\frac{8}{11}$
57 . . .	41	$5\frac{5}{11}$
58 . . .	42	$2\frac{2}{11}$
59 . . .	42	$10\frac{10}{11}$
60 . . .	43	$7\frac{7}{11}$
61 . . .	44	$4\frac{4}{11}$
62 . . .	45	$1\frac{1}{11}$
63 . . .	45	$9\frac{9}{11}$
64 . . .	46	$6\frac{6}{11}$
65 . . .	47	$3\frac{3}{11}$
66 . . .	48	--
67 . . .	48	$8\frac{8}{11}$
68 . . .	49	$5\frac{5}{11}$
69 . . .	50	$2\frac{2}{11}$
70 . . .	50	$10\frac{10}{11}$
71 . . .	51	$7\frac{7}{11}$
72 . . .	52	$4\frac{4}{11}$
73 . . .	53	$1\frac{1}{11}$
74 . . .	53	$9\frac{9}{11}$

Kreutzer		s.	d.
75	Kr. font	54	$6\frac{6}{11}$
76	. . .	55	$3\frac{3}{11}$
77	. . .	56	--
78	. . .	56	$8\frac{8}{11}$
79	. . .	57	$5\frac{5}{11}$
80	. . .	58	$2\frac{2}{11}$
81	. . .	58	$10\frac{10}{11}$
82	. . .	59	$7\frac{7}{11}$
83	. . .	60	$4\frac{4}{11}$
84	. . .	61	$1\frac{1}{11}$
85	. . .	61	$9\frac{9}{11}$
86	. . .	62	$6\frac{6}{11}$
87	. . .	63	$3\frac{3}{11}$
88	. . .	64	---
89	. . .	64	$8\frac{8}{11}$
90	. . .	65	$5\frac{5}{11}$
1	Batz fait	2	$10\frac{10}{11}$
2	. . .	5	$9\frac{9}{11}$
3	. . .	8	$8\frac{8}{11}$
4	. . .	11	$7\frac{7}{11}$
5	. . .	14	$6\frac{6}{11}$

Batz		£.	s.	d.
6	Batz font		17	$5\frac{5}{11}$
7	. .	1	--	$4\frac{4}{11}$
8	. .	1	3	$3\frac{3}{11}$
9	. .	1	6	$2\frac{2}{11}$
10	. .	1	9	$1\frac{1}{11}$
11	. .	1	12	--
12	. .	1	14	$10\frac{10}{11}$
13	. .	1	17	$9\frac{9}{11}$
14	. .	2	--	$8\frac{8}{11}$
15	. .	2	3	$7\frac{7}{11}$
16	. .	2	6	$6\frac{6}{11}$
17	. .	2	9	$5\frac{5}{11}$
18	. .	2	12	$4\frac{4}{11}$
19	. .	2	15	$3\frac{3}{11}$
20	. .	2	18	$2\frac{2}{11}$
21	. .	3	1	$1\frac{1}{11}$
22	. .	3	4	--
23	. .	3	6	$10\frac{10}{11}$
24	. .	3	9	$9\frac{9}{11}$
25	. .	3	12	$8\frac{8}{11}$
26	. .	3	15	$7\frac{7}{11}$

Batz	£.	s.	d.
27 Batz	3	18	$6\frac{6}{11}$
28 . .	4	1	$5\frac{5}{11}$
29 . .	4	4	$4\frac{4}{11}$
30 . .	4	7	$3\frac{3}{11}$
31 . .	4	10	$2\frac{2}{11}$
32 . .	4	13	$1\frac{1}{11}$
33 . .	4	16	--
34 . .	4	18	$10\frac{10}{11}$
35 . .	5	1	$9\frac{9}{11}$
36 . .	5	4	$8\frac{8}{11}$
37 . .	5	7	$7\frac{7}{11}$
38 . .	5	10	$6\frac{6}{11}$
39 . .	5	13	$5\frac{5}{11}$
40 . .	5	16	$4\frac{4}{11}$
41 . .	5	19	$3\frac{3}{11}$
42 . .	6	2	$2\frac{2}{11}$
43 . .	6	5	$1\frac{1}{11}$
44 . .	6	8	--
45 . .	6	10	$10\frac{10}{11}$
46 . .	6	13	$9\frac{9}{11}$
47 . .	6	16	$8\frac{8}{11}$

Batz	£.	s.	d.
48 Batz	6	19	$7\frac{7}{11}$
49 . .	7	2	$6\frac{6}{11}$
50 . .	7	5	$5\frac{5}{11}$
51 . .	7	8	$4\frac{4}{11}$
52 . .	7	11	$3\frac{3}{11}$
53 . .	7	14	$2\frac{1}{11}$
54 . .	7	17	$1\frac{1}{11}$
55 . .	8	--	--
56 . .	8	2	$10\frac{10}{11}$
57 . .	8	5	$9\frac{9}{11}$
58 . .	8	8	$8\frac{8}{11}$
59 . .	8	11	$7\frac{7}{11}$
60 . .	8	14	$6\frac{6}{11}$
61 . .	8	17	$5\frac{5}{11}$
62 . .	9	--	$4\frac{4}{11}$
63 . .	9	3	$3\frac{3}{11}$
64 . .	9	6	$2\frac{2}{11}$
65 . .	9	9	$1\frac{1}{11}$
66 . .	9	12	--
67 . .	9	14	$10\frac{10}{11}$
68 . .	9	17	$9\frac{9}{11}$

Batz	£.	s.	d.
69 Batz	10	--	$8\frac{8}{11}$
70 . .	10	3	$7\frac{7}{11}$
71 . .	10	6	$6\frac{6}{11}$
72 . .	10	9	$5\frac{5}{11}$
73 . .	10	12	$4\frac{4}{11}$
74 . .	10	15	$3\frac{3}{11}$
75 . .	10	18	$2\frac{2}{11}$
76 . .	11	1	$1\frac{1}{11}$
77 . .	11	4	--
78 . .	11	6	$10\frac{10}{11}$
79 . .	11	9	$9\frac{9}{11}$
80 . .	11	12	$8\frac{8}{11}$
81 . .	11	15	$7\frac{7}{11}$
82 . .	11	18	$6\frac{6}{11}$
83 . .	12	1	$5\frac{5}{11}$
84 . .	12	4	$4\frac{4}{11}$
85 . .	12	7	$3\frac{3}{11}$
86 . .	12	10	$2\frac{2}{11}$
87 . .	12	13	$1\frac{1}{11}$
88 . .	12	16	--
89 . .	12	18	$10\frac{10}{11}$
90 . .	13	1	$9\frac{9}{11}$

Florin	£.	s.	d.
1. fl. .	2	3	$7\frac{7}{11}$
$1\frac{1}{4}$.	2	14	$6\frac{6}{11}$
$1\frac{1}{2}$.	3	5	$5\frac{5}{11}$
$1\frac{3}{4}$.	3	16	$4\frac{4}{11}$
2 fl. .	4	7	$3\frac{3}{11}$
$2\frac{1}{4}$.	4	18	$2\frac{2}{11}$
$2\frac{1}{2}$.	5	9	$1\frac{1}{11}$
$2\frac{3}{4}$.	6	--	--
3 .	6	10	$10\frac{10}{11}$
$3\frac{1}{4}$.	7	1	$9\frac{9}{11}$
$3\frac{1}{2}$.	7	12	$8\frac{8}{11}$
$3\frac{3}{4}$.	8	3	$7\frac{7}{11}$
4 .	8	14	$6\frac{6}{11}$
$4\frac{1}{4}$.	9	5	$5\frac{5}{11}$
$4\frac{1}{2}$.	9	16	$4\frac{4}{11}$
$4\frac{3}{4}$.	10	7	$3\frac{3}{11}$
5 .	10	18	$2\frac{2}{11}$
$5\frac{1}{4}$.	11	9	$1\frac{1}{11}$
$5\frac{1}{2}$.	12	--	--
$5\frac{3}{4}$.	12	10	$10\frac{10}{11}$

Florin	£.	s.	d.	Florin	£.	s.	d.
6 fl. .	13	1	$9\frac{9}{11}$	$8\frac{3}{4}$ fl. .	19	1	$9\frac{9}{11}$
$6\frac{1}{4}$.	13	12	$8\frac{8}{11}$	9 .	19	12	$8\frac{8}{11}$
$6\frac{1}{2}$.	14	3	$7\frac{7}{11}$	$9\frac{1}{4}$.	20	3	$7\frac{7}{11}$
$6\frac{3}{4}$.	14	14	$6\frac{6}{11}$	$9\frac{1}{2}$.	20	14	$6\frac{6}{11}$
7 .	15	5	$5\frac{5}{11}$	$9\frac{3}{4}$.	21	5	$5\frac{5}{11}$
$7\frac{1}{4}$.	15	16	$4\frac{4}{11}$	10 .	21	16	$4\frac{4}{11}$
$7\frac{1}{2}$.	16	7	$3\frac{3}{11}$	$10\frac{1}{4}$.	22	7	$3\frac{3}{11}$
$7\frac{3}{4}$.	16	18	$2\frac{2}{11}$	$10\frac{1}{2}$.	22	18	$2\frac{2}{11}$
8 .	17	9	$1\frac{1}{11}$	$10\frac{3}{4}$.	23	9	$1\frac{1}{11}$
$8\frac{1}{4}$.	18	--	--	11 .	24	--	--
$8\frac{1}{2}$.	18	10	$10\frac{10}{11}$				

TARIF

Ou Reduction de l'Argent de France en Argent d'Empire, le Louis d'or de 24. Livres à raison d'onze Florins.

Sols	kr.	Sols	kr.
1 Sols fait . .	$1\frac{3}{8}$	5 Sols font . .	$6\frac{7}{8}$
2	$2\frac{3}{4}$	6	$8\frac{1}{4}$
3	$4\frac{1}{8}$	7	$9\frac{5}{8}$
4	$5\frac{1}{2}$	8	11

Sols	fl.	kr.
9 Sols font . .		12$\frac{3}{8}$
10		13$\frac{3}{4}$
11		15$\frac{1}{8}$
12		16$\frac{1}{2}$
13		17$\frac{7}{8}$
14		19$\frac{1}{4}$
15		20$\frac{5}{8}$
16		22
17		23$\frac{3}{8}$
18		24$\frac{3}{4}$
19		26$\frac{1}{8}$
20 ou 1 ℔. . . .		27$\frac{1}{2}$
Livres		
2 Liv. .	--	55
3	1	22$\frac{1}{2}$
4	1	50
5	2	17$\frac{1}{2}$
6	2	45
7	3	12$\frac{1}{2}$
8	3	40
9	4	7$\frac{1}{2}$

Liv.	fl.	kr.
10 Liv. .	4	35
11	5	2$\frac{1}{2}$
12	5	30
13	5	57$\frac{1}{2}$
14	6	25
15	6	52$\frac{1}{2}$
16	7	20
17	7	47$\frac{1}{2}$
18	8	15
19	8	42$\frac{1}{2}$
20	9	10
21	9	37
22	10	5
23	10	32$\frac{1}{2}$
24	11	--
25	11	27$\frac{1}{2}$
26	11	55
27	12	22$\frac{1}{2}$
28	12	50
29	13	17$\frac{1}{2}$
30	13	45

Liv.		fl.	kr.	Liv.		fl.	kr.
40	. . .	18	20	100	. .	45	50
50	. . .	22	55	200	. .	91	40
60	. . .	27	30	300	. .	137	30
70	. . .	32	5	400	. .	183	20
80	. . .	36	40	500	. .	229	10
90	. . .	41	15	600	. .	275	--

Denomination de quelques Eſpeces en Or, qui ont Cours en Allemagne.

1. Ducat fait cinq Florins ou 10. Liv. 18. ſ de france.
1. Vieux Louis d'or de France fait 8. Florins & 40. Kreutzer, ou 18 lb. 18. ſ. de France.
1. Louis d'or neuf de France fait 1[illegible] fl. ou 24. Livres de france.
1. Severin fait 15 fl ou 32 lb 14 ſ de france
1. Carolin fait 1[illegible]. fl. ou un Louis d'or neuf
1. Piſtole d'Eſpagne 8 fl. 40. kr ou [illegible]8 lb. 18 ſ de france.
1. Guinée d'Angleterre 8 fl. 40. kr ou [illegible]8 lb [illegible]8. ſ de france.

Autre petite Notice pour les Etrangers en Allemagne.

Deux Kreutzer font un demi Batz.
Trois Kreutzer font un Kayſer-Groſchen (ou *un gros impérial.*)
Quatre Kreutzer font un Batz.
Quinze Kreutzer font un Orts-Gulden. (ou *un quart de Florin.*)
Vingt Kreutzer font un Kopfſtük.
Trente Kreutzer font un halben Gulden (ou *un demi Florin.*)
Quarante cinq Kreutzer font un demi Ecu d'Empire.
Soixante Kreutzer font un Florin
Nonante Kreutzer un Ecu d'Empire ou un Florin & demi.

TABLE

TABLE.

www.ingramcontent.com/pod-product-compliance
Ingram Content Group UK Ltd.
Pitfield, Milton Keynes, MK11 3LW, UK
UKHW021819190726
13853UKWH00003B/1068